AF259794

LES
ADIEUX AU POUVOIR,

COMÉDIE EN UN ACTE,

Par MM. D'ÉPAGNY et D'AUBIGNY.

Comme ON n'a pas permis qu'on pût comprendre, ni même entendre un mot de cette pièce, nous avons cru devoir l'imprimer. Nous dirons comme Piron :

> J'en appelle en auteur soumis, mais peu craintif,
> Du parterre en tumulte au *lecteur* attentif.

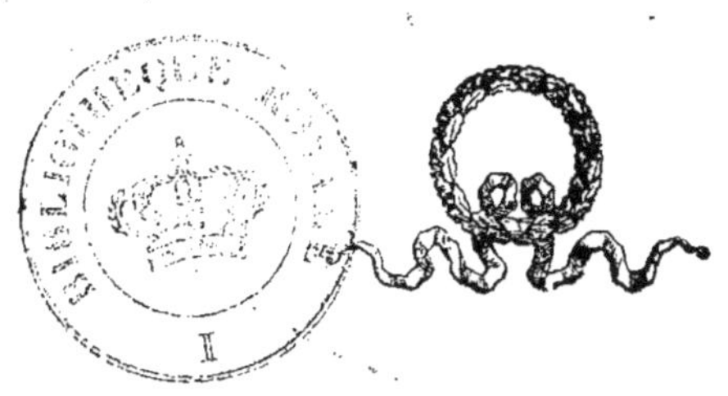

PARIS,

IMPRIMERIE DE BRUNEAU, SUCCESSEUR DE MOREAU,

RUE MONTMARTRE, 39.

1838.

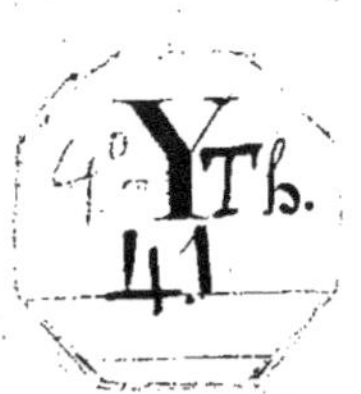

PERSONNAGES.

BASTORFF,
RELHERMANN,
RAMBLUM *,   } *membres du grand-conseil.*
TOUNBERCK,
LIESTAD,
LISA , *blanchisseuse.*
PROSPER , *ouvrier tourneur.*
UN SECRÉTAIRE.
HUISSIERS.
PEUPLE.

* Prononcez Rambloum.

LES ADIEUX AU POUVOIR.

Le théâtre représente la salle du conseil d'un canton suisse. A gauche, une petite porte pratiquée dans la boiserie. Du même côté, une estrade sur laquelle sont placés cinq fauteuils autour d'un bureau couvert d'un tapis. L'estrade n'est pas tournée vers les spectateurs, mais vers le côté droit du théâtre ; ce côté droit est clos par trois grandes portes vitrées, qui, lorsqu'elles sont ouvertes, sont censées prolonger la salle dont on ne voit que le haut de profil. Cette salle est celle du conseil du gouvernement. La scène est vide au lever du rideau.

SCÈNE PREMIÈRE.

LISA, SEULE.

LISA, *arrivant par la petite porte du premier plan à gauche (à la cantonnade)*. Ketly, remettez du charbon dans les fourneaux !..... faites bien chauffer les fers surtout !... Songez qu'il y a ce matin une séance publique de messieurs du grand-conseil ; nous avons à repasser les fraises à la Guillaume Tell de tout le directoire !..... Oh ! les drôles de particuliers que ces cinq directeurs ! disent-t'y des bêtises quand ils sont rien qu'entre eux ! en disent-t'y... Quelle différence quand ils sont sur leurs fauteuils et qu'ils parlent devant tout le public, droits comme des cierges, faut voir comme ils se carrent ! Dam ! aussi, c'est le gouvernement !..... le tambour bat quand ils passent, tout le monde se découvre et salue... moi toute la première !... Il n'y a que quand je me souviens que c'est moi qui les harnache de leurs manteaux, de leurs chapeaux à plumes et de leurs fraises gauffrées, que je ne peux pas m'empêcher de rire...... avec ça que, quoique les premiers du pays, c'est des hommes comme d'autres... mais tout-à-fait... et même ils veulent toujours m'embrasser, ce qui m'embarrasse... parce qu'on n'ose pas refuser, et que Prosper qui me fait la cour pour le sérieux.... en a du chagrin quelquefois...

SCÈNE II.

PROSPER, LISA.

LISA. Mais c'est lui qui accourt..... Bonjour, Prosper ; je pensais à toi.

PROSPER. Vrai ?...mademoiselle Lisa, c'est bien délicat de votre part ! — Voici ce que vous m'avez commandé, j'y ai mis tout ce que j'ai de talent, y a pas de tourneur dans la ville susceptible de confectionner une plus jolie ouvrage.

LISA. Voyons.

PROSPER. Voilà... cinq olives en bois de noyer, parfaitement pareilles, qui s'ouvrent par le milieu, et sont doublées d'ivoire en dedans, excepté celle-ci, qui est doublée d'ébène : vous m'avez promis que vous m'expliqueriez pourquoi c'était faire quand j'aurais fini mon travail ; dites-moi ça, j'en grille, parole d'honneur. J'ai toujours été curieux comme tout.

LISA. Écoute donc ! Tu sais que la Suisse est une république ; ça fait qu'il y a cinq rois ou directeurs qui gouvernent tout.

PROSPER. Oui, cinq, tout le monde crie après eux, je sais ça... Eh bien ?

LISA. Eh bien ! tu sais, qu'il y en a un de remplacé tous les ans.

PROSPER. Oui, oui ! Oh ! j'entends, ils vont tirer au sort avec mes olives !

LISA. Justement, et celui qui tirera l'olive doublée d'ébène ne sera plus roi.

PROSPER. Bon, c'est-à-dire ne sera plus directeur.

LISA. Et celui là redevenu simple bourgeois ira à pied comme une personne naturelle, au lieu d'avoir une bonne voiture ; il logera chez lui, au lieu d'habiter un magnifique hôtel, et n'aura plus de tambour battant quand il passera ; plus d'argent, plus d'autorité, plus de domestiques, plus de courtisans, enfin il ne sera plus rien.

PROSPER. Plus rien... qu'un particulier très-vexé !

LISA. Je t'en réponds.

PROSPER. Quelle drôle d'idée qui me passe là ! Ainsi, pendant que je fabriquais l'olive doublée d'ébène, je détrônais un roi sans le savoir. Oh ! que c'est drôle.

LISA. Oui, c'est drôle en effet, mais c'est comme ça. Allons, pose là ta boîte aux olives et va-t-en ; j'entends monter ; c'est peut-être un des cinq qui vient s'habiller.

PROSPER. Dis donc, crois-tu que le nouveau souverain sera bien disposé pour toi ?... Si t'allais perdre le blanchissage des fraises à la Guillaume Tell.

LISA. Dam ! y a toujours du danger dans les changemens ; mais rassure-toi, les malheurs ne tombent que sur les gens élevés, comme le tonnerre ne tombe que sur les grands arbres... Il leur faudra toujours une blanchisseuse ; autant moi qu'une autre... J'ai même l'idée de tâcher de te placer aussi, toi.

PROSPER. Moi ! comment ? où ? ils n'ont pas besoin d'un tourneur, je ne leur serais bon à rien.

LISA. Ah ! ah ! ah ! tiens, qu'est-ce que ça fait, si on ne prenait que les gens utiles..... y aurait guère d'employés, va... Prosper ?... Chut !... v'là un des cinq, messire Thounberck.

SCÈNE III.
LISA, THOUNBERCK, PROSPER.

LISA, *faisant la révérence*. Je demande bien pardon à votre excellence d'avoir laissé pénétrer ici ce jeune homme, mais c'était pour une affaire concernant le service du directoire.

THOUNBERCK. Oh !... je ne suis pas sévère sur la police intérieure du palais... surtout maintenant, que je ne suis pas sûr d'y rester.

LISA. Je fais des vœux pour votre excellence, messire Thounberck ; cela me ferait beaucoup de peine de ne plus vous voir.

THOUNBERCK. Que t'importe, tu en verras un autre ? C'est par politesse ce que tu dis là ; ta place te restera toujours, à toi ; tu blanchis tous les gouvernemens successifs....

LISA. Dam ! Je fais de mon mieux !.. Je sais bien que je suis à poste fisque, comme on dit ; mais c'est égal, messire, on s'attache à certaines personnes.

THOUNBERCK. Je te remercie.... Il est certain que je crois n'avoir jamais fait que du bien....

LISA, *à part*. Ils disent tous la même chose.

THOUNBERCK. Je sortirai pur comme j'y suis entré.

LISA, *à part*. C'est convenu.

THOUNBERCK. Dieu sait que le pouvoir et ses avantages ne sont rien pour moi.

LISA. Pardi ! c'est clair !

THOUNBERCK. Seulement, en me sacrifiant au service de mon pays, j'ai négligé mes affaires personnelles, et si je regrette mon rang, en supposant que le sort fatal me désigne, ce n'est que pour mes enfans.... Ma femme est sur le point de m'en donner un quatrième.

LISA. Quel bon père vous faites, messire de Thounberck !

THOUNBERCK. Le meilleur père de la Suisse, je m'en vante.... Mes collègues tardent beaucoup... Ma femme souffre.,. elle n'accouchera pas sans moi... je la connais... Je m'en retourne... dis-leur ma raison... c'est une excuse... bien légitime; il faut leur répéter cela dans les mêmes termes; je reviendrai quand la séance sera prête à s'ouvrir... Adieu...

LISA. Adieu, messire; bien mes respects à madame Thounberck, à monsieur votre quatrième, dès qu'il sera venu.

THOUNBERCK, *rentrant*. Merci, et trois fois merci... chère petite Lisa; voilà un compliment très-agréable, quoique un peu prématuré... Je t'en tiendrai compte; et s'il te prend envie de serrer quelque jour les nœuds du mariage... pour avoir le bonheur d'avoir des enfans... je serai le parrain de ton premier (*il veut l'embrasser*), pourvu que tu fasses un bon choix dans ton futur.

LISA, *le repoussant doucement*. Le voilà, mon futur; et vous oubliez madame Thounberck, qui souffre beaucoup.

THOUNBERCK. Ah, tu as raison; je cours... Quel heureux père je serai, s'il m'est permis de continuer à voir toute la belle et noble population helvétique comme mes propres enfans !

SCÈNE IV.

LISA, PROSPER.

PROSPER. Bon... voilà nos affaires en bon train... M. Thounberck nous veut du bien; c'est un digne homme... il ne pense pas à l'ambition, lui... c'est de ses enfans seulement qu'il s'inquiète...

LISA. Tais-toi donc... ils ont tous une raison honorable pour cacher leur jeu; si tu comptes sur les promesses de celui-là.

PROSPER. Dam ! oui, j'y comptais pour décider ton père, qui a l'honneur d'être concierge du palais directorial... Il a de la vanité, monsieur ton père;

il veut un homme de plume pour gendre... et j'ai peur...

LISA. D'abord, faut pas avoir peur, ça n'sert à rien, et puis, faut me laisser faire... les directeurs sont assez honnêtes pour moi.

PROSPER. Oui ! ils te trouvent tous jolie et...

LISA. Il n' faut pas avoir peur, Prosper...; d'abord, il y en a un qui a l'air de ne penser qu'à ses enfans et à sa femme.

PROSPER. Oui, mais il y en a quatre autres.

LISA. Dont l'un est bossu, Relhermann. Tu n'en es pas jaloux, j'espère! Quant aux trois autres, je les évite tant que je peux.

PROSPER. Pourras-tu toujours?

LISA. Ils ont autre chose à faire que de s'occuper de moi... Paix, j'entends la voix de messire Relhermann...

PROSPER. C'est le bossu... Comment peut-on être du Directoire quand on est bossu ?

LISA. Sa bosse n'empêche pas qu'il ne soit chargé de l'administration intérieure du palais... Il a du pouvoir, on doit le ménager; (*Haut*) et comme il me fait... les yeux doux... faut pas le fâcher; tu comprends ?

PROSPER. Pardi !

LISA. Ainsi, comme nous avons besoin de sa protection...

PROSPER. Eh bien !

LISA. Eh bien !... devant lui, tu ne me connais pas...

PROSPER. C'est ça, je ne te connais pas... convenu ! (*A part.*) C'est pas celui-là qui m'effraie; oh ! quelle bosse ! Ah ! ah ! ah ! ah !

SCÈNE V.

LISA, PROSPER, RELHERMANN.

RELHERMANN (*à la cantonnade*). Que personne ne s'écarte de ses fonctions, je vais inspecter la salle...; que les tambours soient à leur poste pour battre au champ au moment où le

Directoire entrera. M. le comman-dant, veillez à vos grenadiers... pour le salut des armes... Là... voilà qui est à merveille, tout est en ordre.... (*Il soupire, à part.*) Pourvu que cela continue et que ce ne soit pas moi qui attrape l'olive maudite. Ah! ah! bonjour, chère petite, bon jour, Lisa.

LISA. Comme vous dites votre bonjour, ça ressemble à un adieu.

RELHERMANN. Hélas! c'est que.... c'est que j'ai de l'humeur.

LISA. Contre moi ?...

RELHERMANN. Non, mais...

LISA. Je comprends, voilà ce que c'est... (*Elle montre la boîte aux olives.*) Cette boîte, que ce jeune homme vient d'apporter...

RELHERMANN, *avec un soupir.* C'est vrai, n'ayons pas l'air d'en convenir. (*Haut.*) Ah! ah! voyons, mon devoir m'ordonne de l'examiner. (*A Prosper.*) Dites-moi, jeune homme, sont-elles bien pareilles? ...

PROSPER. Parfaitement, votre excellence.

RELHERMANN. Ainsi... il n'est pas possible de reconnaître la mauvaise à aucun signe?...

PROSPER. Non, excellence, absolument impossible.

RELHERMANN, *avec une fureur concentrée.* Ah!... vous êtes un très-habile ouvrier, mon cher. (*A part.*) Que le diable t'emporte.

PROSPER. Merci, excellence! (*Bas.*) A-t-il fait une laide grimace en m'adressant ce compliment!

RELHERMANN, *prenant un air solennel.* Avez-vous de la piété, jeune homme? Avez-vous le bonheur de connaître l'amour de l'Être suprême et celui de l'humanité?

PROSPER. Vous dites ?...

RELHERMANN. Je vous demande, jeune homme, si vous désirez le triomphe du culte de la vertu?...

PROSPER. Dam!... quelquefois, j'ai entendu dire au prêche qu'il fallait le désirer...

RELHERMANN. C'est assez... Eh bien! mon ami, faites des vœux pour que je reste membre actif du grand-conseil; car je suis le seul qui veille à la pureté de la morale parmi vous.... et l'Être suprême sait que je ne tiens à mon rang que pour rendre le peuple plus vertueux... et plus incapable d'actions basses et coupables. C'est donc pour vous dire... que si vous connaissiez un moyen pour m'indiquer l'olive dangereuse, vous feriez vous-même une bien belle action.

PROSPER. Oh! oui, votre excellence, je suis dévoué à la morale, comme vous dites; aussi, je me garderai bien de rien faire pour déranger la loyauté du tirage et l'ordre de l'Être suprême; d'ailleurs, c'est impossible.

RELHERMANN, *frappant du pied et haut.* C'est très-bien! (*A part.*) Est-il idiot, il prend ce que je dis au pied de la lettre!... (*Haut.*) Je vais achever mes préparatifs et donner mes derniers ordres. (*Il bouscule Prosper en sortant.*) Faites donc place!

SCÈNE VI.

LISA, PROSPER.

PROSPER. Est-il bourru ce petit méchant bossu, et ça fait le patelin, ça se dit l'ami de Dieu et des hommes...

LISA. Ils ont tous un genre à eux; celui-là, c'est l'hypocrisie... Tu vois bien qu'il t'a rudoyé dès qu'il a su que tu ne pouvais pas lui indiquer la mauvaise olive, pour ne pas la prendre.

PROSPER. Si j'en avais su le moyen, je ne le lui aurais pas donné. — Mais j'entends parler bien haut, en voici un troisième, c'est messire Bastorff. Son caractère à celui-là ?...

LISA. Son caractère? il n'en a point; il rit de tout.

PROSPER. Rirait-il de même s'il attrapait la mauvaise olive?

LISA. Ça, c'est différent; il tient à rester comme les autres, parce qu'il aime à faire des heureux, à donner des grâces.

PROSPER. Il est donc généreux?

LISA. Très-généreux, pourvu qu'il y gagne quelque chose! (*On entend parler en dehors.*)

BASTORFF, *avant d'entrer.* Oui, belle dame, avant une heure vous serez obéie, et je vous signerai cette fourniture d'armée..... Peut-on vous rien refuser! je ne suis pas ingrat à ce point. (*Entrant.*) Cette femme-là fait de moi ce qu'elle veut..... Ah! c'est qu'elle est toujours adorable!....

PROSPER. Il paraît qu'il ne refuse jamais rien au beau sexe....

LISA. C'est vrai..... Prosper?...

PROSPER. Hein?

LISA. Va-t-en!

PROSPER. Que je...., pourquoi?

LISA. Ça lui déplairait de te voir là.

PROSPER. C'est possible, mais ça me déplairait bien plus de n'y pas être.

LISA. Je voulais lui faire une demande pour notre mariage, il pouvait me l'accorder; mais tu ne veux pas que je lui en parle, soit!

PROSPER. Je veux bien, mais c'est que je ne voudrais pas...

LISA. Tu ne sais ce que tu dis.... Va-t-en.

PROSPER. Oui..., tu m'aimes, d'ailleurs, et je dois être tranquille.

LISA. Tu dois être tranquille, mais va-t-en donc!

PROSPER. Oui..., tu n'as pas besoin de lui en dire bien long, demande-lui seulement....

LISA. Oui, va-t-en, va-t-en!

PROSPER. J'ai en toi la plus parfaite confiance... Je reviens dans deux minutes, je t'en préviens. (*Il sort.*)

SCÈNE VII.

BASTORFF, LISA.

BASTORFF, *qui pendant la fin de la dernière scène a été occupé à écrire sur ses tablettes, les serre dans sa poche en disant :* Là! voilà la demande de cette charmante personne prise en note... (*Apercevant Lisa.*) Eh! eh! voilà Lisa! Bonjour la belle enfant; viens, que je t'embrasse.

LISA. Oh! non, messire, votre excellence y pense-t-elle?

BASTORFF, *lui prenant la main.* Certainement, mon excellence y pense....; elle ne pense même qu'à cela, mon excellence!... ce fut toujours sa principale occupation..., plaire aux dames...; et si je dois perdre ma place, je ne la regretterai certes pas pour autre chose!

LISA. Quoi, vous ne tenez à gouverner la Suisse que pour..

BASTORFF. Que pour lire dans les beaux yeux des belles Helvétiennes ce qu'elles peuvent désirer et le leur accorder bien vite... Ah! qu'il est doux, mon enfant, qu'il est facile de donner une signature pour rendre heureuse une aimable solliciteuse qui vous prie pour un jeune cousin, pour un mari, pour un fiancé!... (*En parlant, il lui baise les mains.*)

LISA. Pour un fiancé! (*A part.*) A bon entendeur, salut. (*Haut.*) Je sais ben que vous passez pour un homme très-obligeant, mais... vous accordez donc toujours!...

BASTORFF. Toujours aux jolies filles... Essaie de me demander quelque chose, quand ce serait pour ton amoureux...

LISA. Quoi! vrai? (*A part.*) C'est bon à savoir.

BASTORFF. Et quand je songe que je vais perdre peut-être ce bonheur d'obliger avec... (*Tout en parlant il veut l'embrasser ; Lisa se défend, et le repousse doucement, avec coquetterie.*) avec ce désintéressement qui me caractérise.

LISA. Désintéressement! je sais ben! (*Haut.*) Vous avez donc ben peur de redevenir un simple citoyen?

BASTORFF. Sais-tu pourquoi? c'est que je ne pourrai plus voir cette charmante petite Lisa que j'aime comme un fou.

LISA. Lisa et bien d'autres; et puis, quelle idée! Avez-vous besoin d'être directeur pour plaire?

BASTORFF. Ah! ah! le pouvoir aide beaucoup, et les jolies femmes aident souvent beaucoup le pouvoir!

LISA. Vraiment?

BASTORFF. Tu me protégeras peut-être un jour, toi!

LISA. Ça serait de bien bon cœur!... Mais vous resterez, j'ai tiré les cartes pour vos collègues et pour vous.

BASTORFF. Eh qu'ont-elles dit tes cartes?

LISA. Elles étaient bonnes, et puis, j'ai vu que vous placiez un jeune homme pour me le faire épouser.

BASTORFF. Pour te le faire épouser, quelle idée ridicule!

LISA. C'était dans mes cartes.

BASTORFF. Bah!

LISA. Réussite en trèfle, c'est de l'argent.

BASTORFF. Fi donc, c'est bon pour mes collègues.

LISA. Pour vous, la réussite était en cœur!

BASTORFF. Bravo! va pour le cœur! (*Il embrasse Lisa par surprise.*) Ne te fache pas de cette petite consolation, dans le danger qui me menace, car malgré l'horoscope favorable de tes cartes, j'ai une peur de diable; je tire le dernier; on peut me laisser l'olive noire... Tu connais le proverbe, aux innocens, les mains pleines.

LISA. Rassurez-vous, vos confrères ne sont pas des innocens.

BASTORFF. C'est possible; je leur fais peut-être trop d'honneur; mais voici mes deux principaux collègues; le citoyen Liestad, dir. sans phrases, parce qu'il a toujours la prétention de s'exprimer laconiquement et qu'il n'en finit jamais! et le citoyen Ramblum, auquel on a donné le sobriquet du bien public, attendu qu'il en parle sans cesse, quoique en réalité il ne songe qu'au sien particulier...

LISA. Je vous laisse avec eux et je passe au vestiaire pour préparer votre costume.... Nous nous reverrons encore avant le moment décisif.

SCÈNE VIII.

RAMBLUM, LIESTAD, BASTORFF.

RAMBLUM. Vous êtes seul, cher confrère; le bien public exigerait pourtant que tout le monde fût assemblé; Liestad et moi, nous nous promenons depuis vingt minutes en attendant.

BASTORFF. Notre confrère Relhermann est occupé du soin de la cérémonie; vous savez son amour pour les solennités.

RAMBLUM. Qu'il est ridicule, ce pauvre Relhermann! il ne rêve que fêtes, pompes religieuses, cela lui va bien, il représente si merveilleusement avec sa bosse! Oh! c'est un esprit d'une grande faiblesse, s'occuper d'abstractions morales et philosophiques, lorsque l'on voit des choses réelles et positives, lorsque le bien public est là! ah!...

BASTORFF, *à part, en persiflant.* Toujours le bien public, il y tient.

LIESTAD. C'est comme notre ami Thounberck, avec la tendresse outre mesure qu'il feint pour ses enfans. (*Déclamant.*) Sans doute, le soin d'élever de jeunes citoyens dans l'intérêt de la patrie est une vertu des tems héroïques, des vieilles époques de liberté grecque et romaine; mais il est impolitique, impopulaire, égoïste, de concentrer cet amour sur les seuls rejetons de sa propre famille, et je dirai plus... Non, je n'en dirai pas plus, et sans phrase, notre confrère Thounberck est parfaitement absurbe!

BASTORFF, *à part.* Sans phrase! il en a fait une qui tiendrait dix lignes. (*Haut.*) Je suis de votre avis... Pauvre homme d'état, que celui qui ne voit rien que sa manie à caresser.... et qui néglige tout le reste... Moi, je m'occupe de tout et de tous, je reçois toutes les demandes... même celles des dames...

LIESTAD, *bas à Ramblum.* Parbleu, il n'écoute que celles-là , c'est un débauché, voilà tout.

RAMBLUM. Un homme qui préfère une folle amourette au bien public.

BASTORFF, *à part.* Ils parlent bas ensemble, ils médisent de moi; je leur défie bien d'en dire autant de mal qu'ils en pensent l'un de l'autre !

LIESTAD. Chers amis, je fais une réflexion puisée dans la situation singulièrement inquiétante dans laquelle nous sommes placés par la loi; or, si le sort voulait favoriser la patrie, c'est Thounberck qui sortirait !

RAMBLUM. Oui, mais...

BASTORFF. Comment l'entendez-vous?

LIESTAD. Sans phrase, j'entends que nous nous entendions tous quatre contre lui.

RAMBLUM. Comme ami du bien public, j'approuve.

BASTORFF. J'approuve; mais comment le séduirez-vous?

LIESTAD. Séduire, c'est bien un mot de vous; on ne le séduira pas, on traitera avec lui... Je propose de lui donner de l'argent.

RAMBLUM. Parlons-en à Relhermann; il ne demandera pas mieux de faire un sacrifice pour continuer son système de gouvernement moral théocratique; je vais lui en glisser un mot; je l'entends.

SCÈNE IX.

LES PRÉCÉDENS, RELHERMANN.

RELHERMANN, *à la cantonnade.* N'oubliez pas... battez au champ quand nous entrerons. C'est bien la moindre chose que celui qui sortira entende le tambour pour la dernière fois.

BASTORFF, *ironiquement.* Très-bien, cher collègue, vous n'avez rien oublié pour que la cérémonie fût brillante; c'est à merveille, il faut de la pompe, même à un enterrement!

RELHERMANN. C'est juste, il y a là-bas une foule immense...

BASTORFF. Je le crois bien, ils viennent là comme au tirage de la loterie; ils veulent connaître les numéros gagnans.

LIESTAD. Vous verrez que cette cohue va nous traiter comme des comédiens ; elle est capable d'applaudir celui qui aura l'olive malencontreuse.

BASTORFF. Il n'y a pas de doute , mais il ne tiendra qu'à lui de prendre les applaudissemens pour des sifflets.

SCÈNE X.

LES MÊMES, THOUNBERCK.

THOUNBERCK, *arrivant tout essoufflé.* Pardon, chers collègues... je viens le dernier... c'est ma faute... c'est-à-dire ce serait ma faute, si je n'avais pas une excuse légitime dans...

LIESTAD, *d'un air goguenard, et l'interrompant.* Dans la naissance d'un fils légitime... Est-ce fini , avez-vous un héritier?...

THOUNBERCK. Hélas ! non.

RELHERMANN. C'est une héritière?

THOUNBERCK. Rien encore! le docteur dit que cela n'aura lieu que dans une ou deux heures.

BASTORFF. C'est malheureux pour monsieur votre fils futur.

THOUNBERCK. Pourquoi donc?

BASTORFF. Parce que... s'il était déjà venu au monde, il y serait entré fils de directeur.

RAMBLUM. Tandis qu'il est possible qu'il naisse simple particulier.

THOUNBERCK. Vous avez raison, ce malheur peut arriver; mais j'espère que la Providence me conservera ma place par égard pour ma famille... Je n'y tiens que pour elle.

RAMBLUM , *à part.* L'imbécile. (*Haut.*) Nous en sommes persuadés, moi, je ne tiendrais pas à conserver mon rang pour ce qui peut m'en revenir, ce n'est que pour le bien public qui exige...

RELHERMANN. Nous pensons de même ; moi, je quitterais sur-le-champ, sans des considérations de haute morale philosophique et ma philanthropie.

BASTORFF, *en riant avec fatuité.* Nous sommes tous d'excellens citoyens qui n'avons que des vues parfaitement désintéressées ; quant à ce qui me regarde, Dieu sait que ce n'est pas pour moi que je désire être directeur ; mais on a des amis, des amies à obliger ; c'est un charme si doux pour les âmes généreuses.

LIESTAD, *brusquement.* Messieurs, sans phrases, nous voulons garder nos places par intérêt pour nos passions... Voilà tout. Mais laissons cela, il est tard, il faut nous habiller... et clore, avant tout, le procès-verbal de la dertière séance.

TOUS. C'est juste. Signons. Soit. Volontiers. *(Ils prennent tous une plume pour signer sur le bureau.)*

LIESTAD, *continuant toujours brusquement.* Un moment, comme on ne sait pas qui reste ou qui sort, il faut se tenir prêt au départ, le moins désagréablement possible.

TOUS. Quoi ? Hein ? Comment ? Parlez. *(Tous, la plume à la main, entourent Liestad.)*

LIESTAD, *continuant.* C'est bien simple, quand on doit partir, on fait ses paquets... Or, sans phrase, voulez-vous bien me donner votre signature, chers collègues, pour l'ordonnance relative à ce canal.

RAMBLUM. Qui traverse vos propriétés !

THOUNBERCK. Et les vôtres aussi...

RAMBLUM, *signant.* Il me suffit que cela intéresse le bien public... (*Dès qu'il a signé, il tire un papier de son sein.*) J'ai là une demande à peu près semblable... ce n'est qu'une nomination à une place de receveur-général, un homme très-méritant.

RELHERMANN, *souriant.* Votre beau-frère, c'est trop juste... Cela me fait souvenir... (*Il tire de sa poche.*) Vous m'obligerez (l'ordonnance est prête et en bonne forme) ; cela me fait souvenir d'une petite coupe d'une forêt... assez considérable...

BASTORFF, *avec une hilarité et une fatuité complètes.*) Très-bien... Comment donc, avec grand plaisir. (*Il court au bureau le premier, et avant de signer, il jette un papier.*) Pendant ce temps-là, chers collègues, amusez-vous à me signer cette fourniture générale pour une division de notre armée.

THOUNBERCK. A la bonne heure, à la bonne heure, mais, je voudrais, moi... (*Tous s'arrêtent et regardent Thounberck, qui a l'air d'hésiter.*) (*Continuant.*) Je voudrais.... une bourse pour un collègue...

LIESTAD. Mais, vous en avez déjà trois !...

THOUNBERCK. Madame Thounberck peut me faire encore un fils...

TOUS, *en riant.* Signons, signons, signons.

LIESTAD, *avec ironie.* Maintenant que tout est en ordre, allons mettre nos fraises, nos manteaux et nos chapeaux à plumes.

RELHERMANN, *bas à Liestad et à Bastorff.* Un moment donc, entamons l'affaire de la retraite de cet imbécile de Thounberck, sans élévation d'idée, paresseux, intéressé ; nous le déciderons à partir !

BASTORFF. Allez, je vous soutiens.

RELHERMANN. Il me tarde que la séance soit achevée... ma foi, quand je pense aux dangers du pouvoir.

THOUNBERCK. Oui !

BASTORFF. Aux ennuis qu'il procure.

THOUNBERCK. Oui !

RAMBLUM. A l'ingratitude qu'on recueille,

THOUNBERCK. Oh ! oui !

LIESTAD. Et aux douceurs du repos.

THOUNBERCK. Oui, oui, oui ; oh ! oui.

RELHERMANN. Je donnerais volontiers ma démission.

THOUNBERCK. Ma foi, je pense presque...

BASTORFF. Je m'estimerais heureux d'en être quitte.

THOUNBERCK. Eh ! mais, vraiment, je crois aussi que...

RAMBLUM. Oh ! ma campagne, ma famille, quand te reverrai-je ?

THOUNBERCK. J'en dis tout autant, ma parole d'honneur.

LIESTAD. Il faut avoir la rage du despotisme pour vouloir demeurer au timon des affaires.

THOUNBERCK. Il faut avoir le diable au corps, c'est parfaitement vrai...

LIESTAD, *lui prenant la main.* Donnez votre démission, mon ami.

BASTORFF, *de l'autre côté.* Oui, vous êtes trop raisonnable pour rester.

RAMBLUM et RELHERMANN *ensemble, lui prenant la main à leur tour.* Oui, oui, donnez-la, donnez-la...

THOUNBERCK. Ma démission ?

TOUS. Certainement. Sans doute.

THOUNBERCK. Moi, pas du tout !

BASTORFF. Vous disiez pourtant !...

THOUNBERCK. Moi, je disais comme vous... Quittez si vous voulez, je reste jusqu'à la fin !

BASTORFF. Vous aimez donc la direction ?

THOUNBERCK Du tout, je n'aime que mes émolumens, je veux dire mes enfans, c'est pour eux que je reste, (*A Ramblum*) comme vous restez pour le bien public.

LIESTAD. Voyons, sans phrase, si l'on vous indemnisait ?...

RELHERMANN. En assurant à vos trois enfans...

RAMBLUM. Cent mille francs chacun.

THOUNBERCK. Cent mille francs à chacun !... J'accepterais.

BASTORFF. Il accepte.

THOUNBERCK. Doucement ; j'en ai trois, et même je puis dire que j'en ai

quatre, puisque ma femme s'occupe en ce moment...

BASTORFF, *avec impertinence.* Dans le fait, ce n'est pas moi qui disputerai là-dessus.

RELHERMANN, *bas à Ramblum.* Je crois bien ; il a beaucoup fait la cour à madame Thounberck.

LIESTAD. Finissons ; quatre cent mille francs, c'est cent mille francs chacun ; messieurs, convenu.

TOUS *tendant la main à Thounberck.* Convenu..., mais on ne donne pas sa démission..., je ne puis que tirer l'olive dont la doublure est noire...

BASTORFF. Eh bien, c'est dit.

THOUNBERCK. C'est dit, oui, mais ce n'est pas fait, ce n'est peut-être pas faisable même ; comment la distinguera-t-on ?

LIESTAD. En effet, elles sont parfaitement pareilles, du même poids, du même volume.

BASTORFF. Et puis, on ne peut mettre personne dans la confidence... c'est désolant.

TOUS. Diabolique ! Cruel ! Affreux !

SCÈNE XI.
LES MÊMES, LISA.

LISA. Messires, tout est prêt dans le vestiaire pour vos costumes, la salle est pleine et l'heure va sonner.

RAMBLUM. Après avoir eu tant de peine à décider Thounberck.

THOUNBERCK. Les quatre cent mille francs m'auraient bien convenu.

RELHERMANN. Je ne sais quel expédient imaginer.

LIESTAD. Allons, messieurs, nous y rêverons encore en nous habillant. (*Ils entrent à gauche dans le vestiaire*)

SCÈNE XII.
BASTORFF, LISA.

LISA. Eh ben ! à quoi donc songez-vous ?... voilà la séance qui va commencer, et vous ne serez pas en costume.

BASTORFF. Au diable la séance , au diable le costume... Non , cette malheureuse olive, aucun moyen...

LISA , *à part.* C'est vrai qu'elle est dure à digérer. (*Haut.*) Allons, allons, messire Bastorff, vous vous tracassez pour ça!... Si vous n'êtes plus rien, vous serez toujours un bon vivant, bien venu des dames; c'est l'essentiel pour vous... à ce qu'on dit.

BASTORFF , *qui l'examine pendant qu'elle parle.* Ma foi, oui... les femmes ont de l'imagination... elles m'ont toujours porté bonheur! (*Haut.*) Dis-moi , Lisa....

LISA. Messire Bastorff!...

BASTORFF. Si tu voulais reconnaître au toucher, dans l'urne, la mauvaise olive parmi les autres...

LISA. Eh ben !

BASTORFF. Comment ferais-tu?...

LISA. Je la ferais chauffer.

BASTORFF, *poussant un cri.* Ha !... et je ne l'ai pas trouvé ! C'était trop simple... Admirable, admirable!

LISA. Quoi donc, admirable?

BASTORFF. Fais-moi vite chauffer la noire, mais ne vas pas la brûler...

LISA. Tiens, au bain-marie donc.... J'ai encore ma braise allumée; allez vous habiller... Dites donc, messire Bastorff, vous penserez à Prosper ?

BASTORFF. Qu'est-ce que c'est que Prosper ? Est-ce que tu as un Prosper?... Du reste, pourquoi pas... J'y penserai. As-tu encore quelqu'un?....

LISA. Non, je n'ai que celui-là...

BASTORFF. Oh! je tiens mon affaire, rien de mieux; c'était si facile !.... Mais comme l'œuf de Christophe Colomb, il fallait le trouver. (*Il entre au vestiaire.*)

SCÈNE XIII.
LISA , PUIS PROSPER.

LISA. Sûrement qu'il fallait le trouver; c'était pas malin, pourtant. Mon feu est encore allumé; (*Elle prend les olives*) vite...

PROSPER, *entrant.* Mademoiselle Lisa ! Mademoiselle Lisa !

LISA. Entre toujours , je suis à toi dans une seconde. (*Elle entre à gauche.*)

PROSPER. Elle me dit de me dépêcher, j'arrive en courant, elle me laisse là. Mais non, la voici; comme elle a l'air content.

LISA. Nous nous marierons , va, Prosper.

PROSPER. Tant mieux! Quand? Pourquoi? Parle.

LISA. Plus tard; va-t-en mettre ton habit noir.

PROSPER. Aujourd'hui? Je ne le mets que les dimanches.

LISA. Va-t-en mettre ton habit des dimanches, sors tout de suite.

PROSPER. Ah ça ! mais pour quelle raison?

LISA. Je ne te donne que cinq minutes.

PROSPER. Mais on donne une raison.

LISA. La raison, c'est que je le veux; la voilà...

PROSPER. Ah ! vous le voulez; tiens, fallait donc le dire. C'est une bonne raison ça , vous le voulez... Eh ben ! moi aussi ; j'y vas...

LISA. Cours.

PROSPER. Je cours.

(LISA *rentre dans le vestiaire, les directeurs en sortent, excepté Bastorff.*)

SCÈNE XIV.
LES DIRECTEURS, EXCEPTÉ BASTORFF.

RELHERMANN. Je n'ai rien trouvé.

RAMBLUM. Ni moi.

THOUNBERCK. Ni moi.

LIESTAD. Ni moi... C'est contrariant quand on songe qu'on est obligé d'être cinq ans avant de pouvoir être réélu ! Allez donc chercher des amis au bout de cinq ans.

RELHERMANN. C'est beaucoup si on trouve encore des connaissances.

SCÈNE XV.

LES MÊMES, BASTORFF. (*Il est habillé comme les autres, avec le manteau, la fraise, le chapeau à plumes.*

BASTORFF. Je vais vous faire une surprise agréable, cher Thounberck, tenez...

THOUNBERCK, *tendant la main et recevant l'olive que Bastorff lui présente sur un mouchoir.* Ahie! je suis brûlé! Si c'est là votre surprise agréable....

BASTORFF. Comment, vous ne devinez pas?... le moyen de distinguer l'olive que vous devez choisir!

THOUNBERCK. Ah! diable, vous avez raison; il fallait donc me prévenir, je ne me serais brûlé qu'une fois.

RAMBLUM. N'allez pas vous tromper.

THOUNBERCK, *secouant ses doigts.* C'est impossible; et puis (*à part*) je tiens à mes quatre cent mille francs... (*Haut.*) D'ailleurs, ma parole est sacrée.

LIESTAD. Plaçons-nous, messieurs. (*Il monte solennellement sur l'estrade, à la gauche Ramblum et Thounberck, à la droite Relhermann et Bastorff.*)

RELHERMANN *se lève et dit:* Ouvrez les portes!... (*Les portes du côté droit s'ouvrent, les tambours battent au champ, l'assemblée applaudit.*)

BASTORFF, *riant.* Nous avons beaucoup de succès!

RELHERMANN, *bas aussi.* Bonnes gens qui applaudissent ceux qui montent, ceux qui descendent, sans savoir pourquoi.

LIESTAD. Paix donc, messieurs, ne compromettez pas la dignité de la séance, en deux mots et sans phrases, jouons la comédie décemment. (*Haut.*) Illustre peuple de l'Helvétie, la séance est ouverte.

UNE VOIX DANS L'ASSEMBLÉE. Bravo!

PLUSIEURS VOIX. Vivent leurs excel-

lences. (*Le bureau salue deux fois en s'inclinant légèrement.*)

LIESTAD. Secrétaire, appelez les directeurs dans l'ordre de leur nomination... Avant tout, je mets ces cinq olives, semblables, dans l'urne que vous allez placer isolée sur cette colonne devant l'estrade.

Pendant que le secrétaire obéit, PROSPER, *qui vient d'entrer par le vestiaire sur la porte duquel se tient Lisa, lui dit tout bas:* Me voilà avec mon habit noir.

LISA. Paix, voilà les olives qui vont jouer leur rôle.

PROSPER. Mais mon habit noir?

LISA. Il jouera aussi le sien...

PROSPER. Je ne comprend pas.

LISA. Tant mieux!

LIESTAD. Vous voyez, noble peuple helvétique, que toute fraude, toute ruse est impossible.

UNE VOIX. Très-bien, bravo! (*Applaudissement général.*)

BASTORFF, *bas.* Les Suisses sont des hommes bien estimables.

LE SECRÉTAIRE. Messire Liestad.

LIESTAD *s'avance solennellement, met la main dans l'urne, et tire une olive qui, ouverte par lui est reconnue blanche.*

LE SECRÉTAIRE. Blanche!

LIESTAD. Je reste pour me dévouer à la république. (*Applaudissemens.*)

LE SECRÉTAIRE. Messire Ramblum.

RAMBLUM *tire son olive et l'ouvre.*

LE SECRÉTAIRE. Blanche!

RAMBLUM. Je reste, et je jure de ne m'occuper que du bien du pays. (*Applaudissemens.*)

LE SECRÉTAIRE. Messire Relhermann.

RELHERMANN, *ayant tiré et ouvert.*

LE SECRÉTAIRE. Blanche!

RELHERMANN. Je reste pour faire triompher la morale et le culte des vertus. (*Applaudissemens.*)

(*Pendant ce dernier tirage, un domestique en livrée est venu à la porte du fond et a remis à un huissier un billet, qui a été porté sur-le-champ à Thounberck.*)

THOUNBERCK. Ah! grands Dieux, j'y cours! Chers collègues, suspendez un moment la séance, voyez, lisez, je reviens tout-à-l'heure. (*Il sort en courant.*)

BASTORFF, *avec humeur et bas à Liestad.* Qu'est-ce que c'est?

LISA, *bas à Prosper.* C'est... c'est sa femme qui accouche.

LIESTAD. Je dois informer l'honorable assemblée de la cause de cette interruption. Messire Thounberck vient d'être appelé subitement par son épouse : elle se trouve entre la vie et la mort... Il n'a pu résister à son inquiétude : il a couru près d'elle, mais il va revenir très-incessamment. La séance est suspendue. (*Applaudissemens ; les portes se ferment.*)

BASTORFF. Ceci ne m'arrange pas, moi... laissez-moi tirer.

LIESTAD. Non, c'est à Thounberck; vous êtes le plus nouveau; du reste, le voici qui revient. Allons, reprenons la séance.

THOUNBERCK. Un moment... une excellente nouvelle qui me ramène.

LIESTAD. Parlez...

THOUNBERCK. C'est à moi à tirer.

BASTORFF. Soit.

THOUNBERCK. Eh bien, je prends l'olive froide.

BASTORFF, *furieux.* Vous êtes un homme sans foi !

THOUNBERCK. Pas du tout.. Écoutez, il me faut cent mille francs pour chacun de mes enfans.

BASTORFF. Vous les avez, chacun vous en donne un.

THOUNBERCK. Ça n'est pas mon compte ; ma femme m'a fait deux fils.

BASTHORFF. Ah !

THOUNBERCK. Cotisez-vous ; c'est vingt-cinq mille francs chacun, ou je prends la froide.

LIESTAD. Arrangez-vous avec Bastorff, cela ne nous regarde plus.

RELHERMANN. Nous avons des olives blanches.

BASTORFF. Mais, je suis perdu ; à moins de donner cent mille francs de plus à moi seul.

THOUNBERCK. Ne donnez rien si vous voulez, je vais prendre la froide.

BASTORFF. Faites attention à ma position.

RAMBLUM. Allons, Bastorff, vous ne pouvez faire moins pour madame Thounberck et ses enfans.

THOUNBERCK. N'est-ce pas? c'est une chose consciencieuse pour moi.

RAMBLUM, *à part.* Pour lui aussi.

BASTORFF. Ce n'est pas une raison. (*A Thounberck.*) Collègue, écoutez-moi une minute; vous nous avez dit que vous aspiriez après le repos.

THOUNBERCK. Oui.

BASTORFF. Que vous avez des goûts simples?

THOUNBERCK. Oui.

BASTORFF. Et puis vous êtes littérateur distingué.

THOUNBERCK. Oui.

BASTORFF. Vous avez une traduction d'Ovide qui sera un chef-d'œuvre.

THOUNBERCK. Oh ! oui, peut-être?

BASTORFF. Vous avez promis de vous retirer.

THOUNBERCK. Oui.

BASTORFF. Eh bien!

THOUNBERCK. Eh bien!... je prends la froide.

BASTORFF. Misérable entêté, avide ambitieux !... Je ne te céderai pas !... et pourtant, ah !

LIESTAD. Messieurs, on murmure, et l'olive se refroidit, on ne pourra plus la reconnaître.

BASTORFF. Ciel ! je cède.

THOUNBERCK. Vous donnez les cent mille francs de plus... mettez là votre bon. (*Il offre ses tablettes.*) Signez... paraphez... là... maintenant, je ne prendrai plus la froide...

BASTORFF. Ah ! allons dépêchons-nous.

LIESTAD. Reprenons la séance ; Relhermann, faites signe à vos tambours. (*Sur un signe de Relhermann, roulement de tambour ; les portes se rouvrent.*)

LIESTAD, *continuant.* Nobles Helvétiens, notre collègue Thounberck est remis de la vive émotion causée par la naissance heureuse de deux fils, et le tirage va s'achever.

LE SECRÉTAIRE. Messire Thounberck !

THOUNBERCK *salue. On l'applaudit.* Bravo ! bravo ! (*Il tire et dit :*)

THOUNBERCK. Noire..... Je ne reste pas au pouvoir (*Applaudissemens*); mais j'ai le bonheur de rentrer dans les rangs du peuple, (*Tout bas.*) et d'avoir 5oo mille francs.

(*Applaudissemens frénétiques.*)

BASTORFF. Enfin j'en suis quitte !

LE SECRÉTAIRE. Messire Bastorff. (*Il va tirer la dernière olive.*)

LE SECRÉTAIRE. Blanche !

BASTORFF. Blanche ! (*Bas.*) Elle me coûte cher !

LIESTAD. Puissent toujours, comme aujourd'hui, s'exécuter les lois conservatrices de l'ordre et du salut national.

Bravo !

La séance est levée.

(*Applaudissemens. On ferme la porte du public. Tous les directeurs se donnent la main.*)

RAMBLUM. Cela c'est très-bien passé.

THOUNBERCK. Bonsoir, honorables chefs de la patrie, je vous présente mes respects et mes adieux.

LIESTAD. Sans phrases, nous ne valons pas grand'chose.

RELHERMANN. On ne dit pas ces choses là en costume.

LIESTAD. Au contraire, le pavillon couvre la marchandise. (*Ils sortent.*)

SCÈNE XVI.

BASTORFF, LISA, PROSPER.

LISA. Eh ben! vous êtes content?

BASTORFF. Pas trop.

LISA, *avec obstination.* Si, vous êtes content.

BASTORFF. Je te dis que non.

LISA. Moi je vous dis que si, et vous faites semblant d'être de mauvaise humeur, à présent que vous restez, pour ne pas placer ce pauvre Prosper.

BASTORFF. A d'autres... qu'est-ce qu'il veut ton Prosper ?

LISA. Il veut avoir l'honneur d'être votre huissier, pour vous annoncer, ça rapporte, et on ne les change pas.

BASTORFF. C'est bon, il m'ouvrira la porte quand on me renverra, allons, c'est tout, j'espère.

LISA. Oh! que non, faut ben qu'il ait quelque chose pour m'épouser, ce pauvre garçon...

BASTORFF. Pas un centime, je ne lui dois rien.

LISA. A la bonne heure, mais vous me devez quelque chose, à moi, je ne suis pas obligée de dépenser du charbon pour vous; voilà mon mémoire.

BASTORFF. Pour avoir fait chauffer une olive d'ébène au bain-marie... Trente mille francs. (*Avec un cri.*) Hein?

LISA. Comment, une excellence comme vous... qui a été si complaisante pour les enfans de M. Thounberck... et vous serez le parrain de notre premier.

BASTORFF, *riant.* Je me ruinerai, moi, à faire le métier qui enrichit les autres... Enfin... au moins, puis-je être sûr qu'on ne saura jamais rien...

LISA. De l'olive, ni de tout le reste.

PROSPER. Ah! ça, tu vas me le dire à moi le reste?

LISA. Jamais, monsieur... C'est un secret de l'état.

BASTORFF, *bas.* Un secret de l'état de jolie femme.

PROSPER. Et je serai placé... Je serai huissier !... marié ?

BASTORFF. Tu seras... tu seras tout cela.

PROSPER. Dit-il vrai ?

LISA. Il dit vrai, ma parole d'honneur.

PROSPER. Oh ! que je vous remercie !

BASTORFF. Il en coûte pour faire ses adieux au pouvoir.

LISA. Et pour y rester.

FIN.

POST-FACE.

Et maintenant, lecteur, et vous messieurs les rédacteurs des journaux, nous en appelons à votre conscience.

Y a-t-il ici autre chose qu'un cadre pour des caractères ? Est-ce là une satire contre la république ou la liberté, comme quelques-uns l'ont dit, bien qu'on n'ait pas entendu la pièce ? Enfin, est-ce le peuple qu'on joue on ceux qui se jouent du peuple ?

Mais à quoi sert la preuve de son innocence à celui qui vient d'être exécuté sans jugement !

Il reste un fait :

C'est que la comédie politique et philosophique est encore impossible en France ! Tous les partis se fâchent d'abord, avant d'entendre, et souvent l'un d'eux écrase l'homme qui combat le plus loyalement pour lui !

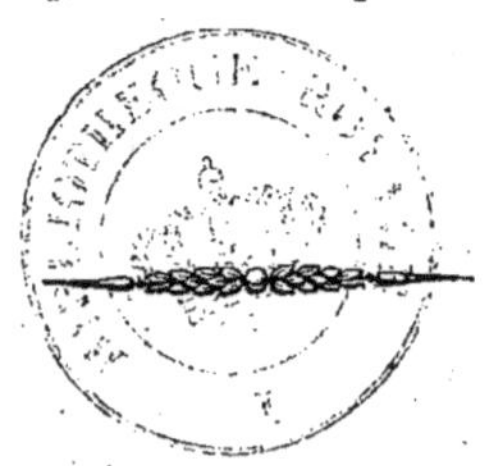